GABRIEL PEREIRA BONFIM

Pensando em Python: Soluções Inteligentes para Seus Problemas

Primeira Edição

Conteúdo

Prólogo

Vivemos em um mundo movido por tecnologia. Ao acordar, você interage com sistemas que estão por trás de tudo: desde a sua cafeteira até os aplicativos que você usa no celular. As máquinas, por mais complexas que sejam, não sabem pensar por conta própria. Elas seguem instruções precisas, escritas por pessoas como você e eu. Essas instruções são programas — e a linguagem usada para criá-las é a **programação**.

Este livro não é apenas uma introdução a uma linguagem de código. Ele é um convite a explorar uma nova forma de pensar, onde **resolver problemas** se torna uma habilidade acessível a todos, independentemente de sua formação. Ao longo deste caminho, você aprenderá como escrever seu próprio código em **Python**, uma das linguagens mais poderosas e fáceis de aprender.

Se você nunca programou antes, pode parecer uma jornada desafiadora. Mas lembre-se: todo grande programador começa do zero. **Python** foi desenvolvido para ser simples e direto, com sintaxe intuitiva que permite que você se concentre mais nas ideias que quer comunicar do que nas complexidades da linguagem.

Este livro começará com os passos mais básicos e, à medida que você avança, você verá como a programação pode ser uma ferramenta para **automatizar tarefas, resolver problemas** e até mesmo transformar seu futuro profissional. Prepare-se para abrir a porta para um universo de possibilidades, onde a criatividade encontra a lógica, e onde a resolução de problemas ganha um novo significado.

Por isso, se você já imaginou um futuro em que pode criar seus próprios programas, construir sites, ou até mesmo entender como funcionam as tecnologias que você usa todos os dias, você está no lugar certo. A **programação** é mais do que apenas escrever código — é sobre **pensar de forma diferente**, sobre construir algo do zero e ver o mundo sob uma nova perspectiva.

Então, vamos começar. O futuro da tecnologia começa agora, com você.

Introdução

Você já quis aprender programação, mas ficou perdido entre teorias complicadas e exemplos distantes da vida real? Já se perguntou como a linguagem Python poderia te ajudar a resolver problemas do dia a dia — como organizar arquivos, automatizar planilhas, enviar e-mails ou até mesmo entender os conceitos por trás da inteligência artificial?

Este livro nasceu exatamente dessa necessidade.

Pense em Python: Soluções Inteligentes para Seus Problemas foi escrito para quem quer aprender a programar com um objetivo claro: **usar Python para facilitar a vida, seja no trabalho, nos estudos ou em projetos pessoais.**

Ao longo dos capítulos, você vai encontrar explicações simples, exemplos práticos e desafios reais. Começamos com o básico da linguagem — variáveis, listas, estruturas de repetição e funções — e, passo a passo, evoluímos para aplicações práticas como:

- Automatização de tarefas repetitivas
- Leitura e escrita de arquivos
- Manipulação de planilhas do Excel
- Envio automático de mensagens e e-mails
- Web scraping e acesso a APIs
- Integração com bancos de dados
- Projetos com inteligência artificial

Tudo isso com uma linguagem acessível, voltada para quem **ainda está dando os primeiros passos** — mas também útil para quem já conhece Python e quer explorar novas possibilidades.

O conteúdo está estruturado de forma gradual, permitindo que você aprenda no seu ritmo. Cada capítulo traz uma aplicação concreta, exemplos comentados e, sempre que possível, sugestões de como aprofundar seus conhecimentos por meio de links e documentações oficiais.

Este não é um livro sobre decorar comandos. É sobre **usar Python com inteligência** para resolver problemas reais.

Para quem é este livro?

- · Iniciantes que nunca programaram antes
- · Estudantes e profissionais de qualquer área que querem automatizar tarefas
- · Quem já conhece o básico de Python e deseja aplicar em situações práticas
- · Curiosos que querem dar os primeiros passos no mundo da programação e da IA

Como aproveitar melhor este livro

Você não precisa ler todos os capítulos em sequência. Sinta-se livre para ir direto aos temas que mais te interessam no momento. Mas se está começando agora, recomendo seguir a ordem proposta — ela foi pensada para te guiar da base à prática com fluidez.

Cada capítulo traz desafios práticos que vão te ajudar a aplicar o que aprendeu. Aproveite essas oportunidades para consolidar o conhecimento e testar suas habilidades. Quanto mais você praticar, mais natural se tornará a resolução de problemas com Python.

Este livro foi feito para ser mais do que uma leitura. Ele é uma ferramenta para te ajudar a resolver problemas reais de maneira prática.

Prepare-se para pensar, experimentar, errar e aprender. Programar é um processo, e a cada novo projeto você vai perceber o quanto é capaz de construir soluções incríveis com poucas linhas de código.

1

Capítulo 1 — Começando com Python

Introdução ao Python

Python é uma linguagem de programação criada no final dos anos 1980 por Guido van Rossum, com o objetivo de ser simples, clara e poderosa. Desde então, ela cresceu enormemente em popularidade, tornando-se uma das linguagens mais utilizadas no mundo.

Originalmente desenvolvida como uma ferramenta de script para tarefas simples, Python se destacou por sua legibilidade e facilidade de uso. Hoje, empresas como Google, Netflix, Instagram e até a NASA utilizam Python em seus projetos.

Entre as áreas em que Python é aplicado, estão:

- Desenvolvimento Web
- Ciência de Dados e Análise Estatística
- Inteligência Artificial e Machine Learning
- Automação de Tarefas
- Robótica, APIs, Games e muito mais.

Neste capítulo, você aprenderá a instalar o Python, verificar sua instalação, escrever seus primeiros comandos e entender os fundamentos básicos da linguagem.

Instalação do Python

Acesse o site oficial **https://www.python.org/downloads/** e baixe a versão mais recente recomendada para o seu sistema operacional (**Windows, macOS** ou **Linux**).

> **Importante**: no Windows, durante a instalação, marque a opção "**Add Python to PATH**" antes de clicar em "**Install Now**". Isso garante que o comando python funcione corretamente no terminal.

Verificando a Instalação

Para verificar se o Python foi instalado corretamente, você precisará abrir o *terminal* do seu sistema:

- **Windows**: pressione Win + R, digite cmd e pressione Enter.
- **macOS**: pressione Command + Espaço, digite "Terminal" e pressione Enter.
- **Linux**: use Ctrl + Alt + T.

Abra o *terminal* e execute:

```
python --version
```

O retorno deverá ser algo como:

```
Python 3.13.2
```

Caso não funcione, tente:

```
python3 --version
```

Abrindo o IDLE

O *IDLE* é um ambiente de desenvolvimento integrado (IDE) que acompanha o Python e permite que você escreva e execute códigos Python de maneira simples.

No Windows: após a instalação, você pode abrir o IDLE de duas maneiras:

1. Clique no menu Iniciar e procure por "IDLE (Python 3.x)".
2. Ou, no menu Iniciar, digite "Python" e selecione "IDLE (Python 3.x)".

No macOS e Linux: abra o terminal e digite o seguinte comando para iniciar o IDLE:

```
idle3
```

Isso abrirá o ambiente onde você pode começar a escrever e testar seus programas Python.

Escrevendo o Primeiro Programa

Agora que você tem o Python instalado, vamos escrever nosso primeiro programa. Um programa básico em Python pode ser escrito diretamente no terminal interativo (**IDLE**) ou salvo em um arquivo *.py*.

Exemplo 1: Saída no Console

```
print("Olá, mundo!")
```

Saída esperada:

```
Olá, mundo!
```

Explicação:
A função *print()* é uma função embutida do Python que exibe mensagens no console. O conteúdo entre aspas é uma string — um texto literal.

Exemplo 2: Trabalhando com Variáveis

```
nome = "Gabriel"
idade = 28
print("Nome:", nome)
print("Idade:", idade)
```

Saída esperada:

```
Nome: Gabriel
Idade: 28
```

Detalhes:

- *nome* e *idade* são variáveis que armazenam informações.
- O operador = é utilizado para atribuir valores.
- Os dados são passados para o *print()* separando por vírgulas.

Comentários no Código

Comentários são linhas que o interpretador ignora, usados para descrever o que o código faz.

```
# Esta linha exibe uma saudação
print("Bem-vindo ao Python!")
```

Use o símbolo # no início da linha para criar um comentário.

Execução de Scripts

1. Crie um arquivo com extensão .*py*, por exemplo: *meu_script.py*
2. Insira o código Python no arquivo.
3. Execute via terminal:

```
python meu_script.py
```

No próximo capítulo, vamos aprender como trabalhar com **listas** e criar um **gerenciador de tarefas simples** — um ótimo exercício para continuar evoluindo com Python!

Capítulo 2 — Trabalhando com Listas e Criando um Gerenciador de Tarefas

Agora que você já escreveu seus primeiros comandos em Python, é hora de conhecer um dos recursos mais úteis da linguagem: as *listas*. Com elas, é possível armazenar vários valores em uma única variável, organizar dados e até criar aplicações práticas — como um gerenciador de tarefas simples.

O que é uma Lista?

Uma lista em Python é uma **coleção ordenada** de elementos que podem ser alterados (*mutáveis*). Você pode guardar textos, números e até outras listas dentro dela.

```
compras = ["pão", "leite", "café"]
print(compras)
```

Saída esperada:

```
['pão', 'leite', 'café']
```

> Pense em uma lista como uma caixa de ovos. Cada espaço (*índice*) guarda um item. Você pode acessar, trocar ou remover um ovo individualmente — e ainda pode adicionar mais ovos se couberem!

Acessando Itens da Lista

Você pode acessar um item da lista usando seu índice (*posição*). Lembre-se: os índices começam em **0**.

```
print(compras[0])   # primeiro item
print(compras[2])   # terceiro item
```

Saída esperada:

```
pão
café
```

Modificando uma Lista

Você pode **alterar**, **adicionar** ou **remover** elementos de uma lista.

```
# Alterando
compras[1] = "chá"
```

```python
# Adicionando
compras.append("açúcar")

# Removendo
compras.remove("pão")

print(compras)
```

Saída esperada:

```python
['chá', 'café', 'açúcar']
```

Verificando o Tamanho da Lista

```python
print(len(compras))
```

Saída esperada:

```python
3
```

Tipos Mistos e Listas Aninhadas

As listas podem conter diferentes tipos de dados — e até outras listas:

```python
mistura = ["texto", 42, True, [1, 2, 3]]
print(mistura[3][1])  # acessa o número 2
```

Saída esperada:

2

Criando um Gerenciador de Tarefas Simples

Vamos aplicar o que aprendemos e criar um gerenciador de tarefas básico que permite:

- Adicionar tarefas
- Listar tarefas
- Remover tarefas

Código do Gerenciador

```
tarefas = []

def mostrar_menu():
    print("\n--- Gerenciador de Tarefas ---")
    print("1. Adicionar tarefa")
    print("2. Ver tarefas")
    print("3. Remover tarefa")
    print("0. Sair")

while True:
    mostrar_menu()
    escolha = input("Escolha uma opção: ")

    if escolha == "1":
        tarefa = input("Digite a tarefa: ")
        tarefas.append(tarefa)
```

```python
        print("Tarefa adicionada!")
    elif escolha == "2":
        print("\nTarefas:")
        for i, t in enumerate(tarefas):
            print(f"{i + 1}. {t}")
    elif escolha == "3":
        indice = int(input("Número da tarefa para
        remover: ")) - 1
        if 0 <= indice < len(tarefas):
            tarefas.pop(indice)
            print("Tarefa removida!")
        else:
            print("Número inválido.")
    elif escolha == "0":
        print("Encerrando...")
        break
    else:
        print("Opção inválida.")
```

Testando seu Gerenciador

Rode o código acima em um arquivo chamado *gerenciador.py* usando o terminal. Você verá o menu interativo, e poderá testar suas funções!

```
--- Gerenciador de Tarefas ---
1. Adicionar tarefa
2. Ver tarefas
3. Remover tarefa
0. Sair
Escolha uma opção: 1
Digite a tarefa: Estudar Python
Tarefa adicionada!
```

```
Escolha uma opção: 1
Digite a tarefa: Fazer exercícios
Tarefa adicionada!

Escolha uma opção: 2

Tarefas:
1. Estudar Python
2. Fazer exercícios

Escolha uma opção: 3
Número da tarefa para remover: 1
Tarefa removida!

Escolha uma opção: 2

Tarefas:
1. Fazer exercícios

Escolha uma opção: 0
Encerrando..
```

O que você aprendeu

- Como criar, acessar e modificar listas
- Como usar laços (for, while)
- Como aplicar funções e entradas do usuário (input)
- Como criar uma aplicação funcional simples em Python

Desafio

Modifique o gerenciador de tarefas para:

- Mostrar quantas tarefas ainda faltam ser feitas
- Permitir marcar uma tarefa como concluída
- Exibir apenas as tarefas pendentes

O que vem a seguir

No próximo capítulo, vamos aprender sobre **condições e estruturas de decisão**, explorando o famoso *if*, *elif* e *else*, e como eles controlam o fluxo do programa com inteligência.

Capítulo 3 — Como Tomar Decisões em Python

Em muitos programas, precisamos tomar decisões diferentes com base em certas condições. É aí que entram as **estruturas de decisão** do Python — como o famoso *if*.

Com elas, conseguimos dizer ao programa:

"Se isso acontecer, faça isso. Senão, faça aquilo."

Vamos ver como isso funciona na prática.

A estrutura if

A forma mais simples de tomar uma decisão é usando if:

```
idade = 18

if idade >= 18:
    print("Você é maior de idade.")
```

Saída esperada:

```
Você é maior de idade.
```

O bloco de código dentro do if só será executado se a condição for verdadeira.

else: e se não for?

Se quisermos que algo aconteça quando a condição **não for verdadeira**, usamos *else*:

```
idade = 16

if idade >= 18:
    print("Você é maior de idade.")
else:
    print("Você é menor de idade.")
```

Saída esperada:

```
Você é menor de idade.
```

elif: mais de uma condição

O *elif* (else if) permite testar várias condições diferentes:

```
nota = 7

if nota >= 9:
    print("Excelente!")
elif nota >= 7:
    print("Bom trabalho!")
else:
    print("Você pode melhorar.")
```

Saída esperada:

```
Bom trabalho!
```

Operadores de Comparação

Antes de tomar decisões com if, é importante entender como comparar valores. Python oferece operadores que retornam **True** ou **False**, permitindo que o programa decida o que fazer a seguir.

Operador	Significado	Exemplo	Resultado
==	Igual a	5 == 5	True
!=	Diferente de	3 != 4	True
>	Maior que	10 > 2	True
<	Menor que	2 < 1	False
>=	Maior ou igual a	7 >= 7	True
<=	Menor ou igual a	5 <= 3	False

Esses operadores são usados dentro de estruturas condicionais, como veremos a seguir.

Operadores lógicos

Combinam condições:

Operador	Significado
and	E (ambas verdadeiras)
or	OU (pelo menos uma verdadeira)
not	NÃO (inverte a condição)

```
idade = 25
tem_carteira = True

if idade >= 18 and tem_carteira:
    print("Pode dirigir!")
```

Aplicação prática: sistema de notas

Vamos construir um programa simples que:

· Solicita a nota do usuário
· Informa se ele foi aprovado, está em recuperação ou reprovado

```python
nota = float(input("Digite sua nota: "))

if nota >= 7:
    print("Aprovado!")
elif nota >= 5:
    print("Recuperação.")
else:
    print("Reprovado.")
```

O que você aprendeu

- Como usar if, elif e else
- Como comparar valores
- Como combinar condições com operadores lógicos
- Como usar decisões para controlar o fluxo do programa

Desafio

Crie um programa que pergunte ao usuário sua idade e se tem carteira de motorista.

Depois, diga se ele pode ou não dirigir.

O que vem a seguir

No próximo capítulo, vamos conhecer os **laços de repetição** (*for* e *while*) — perfeitos para automatizar tarefas e repetir ações de forma inteligente.

4

Capítulo 4 — Repetindo Tarefas com For e While

Imagine que você precisa imprimir todos os números de 1 a 100 na tela. Fazer isso linha por linha seria cansativo, repetitivo — e totalmente desnecessário.

É aí que entram os **laços de repetição**, também chamados de *loops*. Eles permitem que você diga ao computador:

> "Repita esta ação até que eu diga para parar."

Com os loops, você pode percorrer listas, executar tarefas várias vezes, ou automatizar processos inteiros com poucas linhas de código.

Neste capítulo, você vai aprender os dois principais tipos de laço em Python:

- *for*: ideal quando você já sabe quantas vezes quer repetir algo.
- *while*: perfeito quando a repetição depende de uma

condição.

O Laço for

O for é ideal quando você **sabe quantas vezes** quer repetir algo.
Exemplo simples:

```
for i in range(5):
    print("Repetição:", i)
```

Saída esperada:

```
Repetição: 0
Repetição: 1
Repetição: 2
Repetição: 3
Repetição: 4
```

A função range(5) gera os números de 0 até 4.

Cada valor é atribuído à variável i, que usamos dentro do loop.

Iterando Listas

Podemos usar o for para percorrer listas:

```
compras = ["pão", "leite", "café"]

for item in compras:
    print("Item:", item)
```

Saída esperada:

```
Item: pão
Item: leite
Item: café
```

O Laço while

O while repete uma ação **enquanto uma condição for ver-dadeira.**

Use quando **não sabe exatamente quantas vezes** precisará repetir.

```
contador = 1

while contador <= 5:
    print("Contando:", contador)
    contador += 1
```

Saída esperada:

```
Contando: 1
Contando: 2
Contando: 3
Contando: 4
Contando: 5
```

Atenção: se a condição nunca for falsa, o loop entra em repetição infinita!

Controle de Laços: break e continue

- *break*: interrompe o loop
- *continue*: pula para a próxima repetição

Exemplo com break:

```
while True:
    comando = input("Digite 'sair' para encerrar: ")
    if comando == "sair":
        break
```

Aplicação prática: calculadora de média com while

Vamos criar um programa que pede notas até o usuário digitar
-1, e então calcula a média.

```
notas = []
while True:
    entrada = input("Digite uma nota (-1 para sair):
    ")
    if entrada == "-1":
        break
    nota = float(entrada)
    notas.append(nota)

media = sum(notas) / len(notas)
print("Média das notas:", media)
```

O que você aprendeu

- Como repetir ações com for e while
- Como controlar a repetição com break e continue
- Como aplicar loops para automatizar tarefas

Desafio

Crie um programa que:

- Peça o nome de várias pessoas
- Guarde esses nomes em uma lista
- Quando o usuário digitar "sair", o programa imprime todos os nomes informados

> *"Tente também adaptar o programa para não aceitar nomes vazios — isso vai te ajudar a praticar ainda mais!"*

O que vem a seguir

Agora que você já sabe como repetir ações e controlar o fluxo do seu programa, é hora de aprender a **organizar melhor seu código** com **funções**.

No próximo capítulo, vamos entender como criar nossos próprios blocos reutilizáveis de código — um passo fundamental para escrever programas mais limpos, inteligentes e fáceis de manter.

5

Capítulo 5 — Organize Seu Código com Funções

Imagine que você escreve um trecho de código muito útil e precisa usá-lo várias vezes. Em vez de copiar e colar esse código em vários lugares, você pode transformar esse trecho em uma *função*. Com isso, basta chamá-la pelo nome sempre que precisar.

Neste capítulo, você vai aprender:

- O que é uma função
- Como criar e usar funções
- Como passar informações (parâmetros)
- Como retornar resultados
- Aplicações práticas para deixar seu código mais limpo e inteligente

Criando uma Função

Para criar uma função, usamos a palavra-chave def, seguida do nome da função e parênteses:

```python
def saudacao():
    print("Olá! Seja bem-vindo.")
```

E para usar essa função, basta chamá-la:

```python
saudacao()
```

Saída esperada:

```
Olá! Seja bem-vindo.
```

Funções com Parâmetros

Você pode tornar a função mais flexível passando **valores (parâmetros)** para ela:

```python
def saudacao(nome):
    print(f"Olá, {nome}!")

saudacao("Bob")
saudacao("Alice")
```

Saída esperada:

```
Olá, Bob!
Olá, Alice!
```

Retornando Resultados

Funções também podem **devolver um valor** com *return*, permitindo guardar o resultado para usar depois:

```
def soma(a, b):
    return a + b

resultado = soma(3, 4)
print("Resultado:", resultado)
```

Saída esperada:

```
Resultado: 7
```

Aplicação prática: calculadora simples com funções

Vamos criar uma calculadora que realiza as quatro operações básicas:

```
def somar(a, b):
    return a + b

def subtrair(a, b):
    return a - b

def multiplicar(a, b):
```

```
    return a * b

def dividir(a, b):
    if b != 0:
        return a / b
    else:
        return "Erro: divisão por zero"

# Exemplo de uso
x = float(input("Digite o primeiro número: "))
y = float(input("Digite o segundo número: "))

print("Soma:", somar(x, y))
print("Subtração:", subtrair(x, y))
print("Multiplicação:", multiplicar(x, y))
print("Divisão:", dividir(x, y))
```

O que você aprendeu

- Como criar uma função com def
- Como passar e usar parâmetros
- Como retornar valores com return
- Como usar funções para dividir tarefas no programa

Desafio

Crie uma função chamada verifica_par que recebe um número como parâmetro e retorna se ele é par ou ímpar.

Depois, use um laço para testar a função com os números de 1 a 10.

O que vem a seguir

No próximo capítulo, vamos falar sobre **módulos e bibliotecas em Python** — como importar funcionalidades prontas e acelerar ainda mais o desenvolvimento dos seus programas.

6

Capítulo 6 — Ferramentas Prontas para Resolver Problemas

Ao longo dos capítulos, você aprendeu a criar soluções do zero: listas, laços, funções... Mas e se eu dissesse que já existem ferramentas prontas — criadas por outras pessoas — que resolvem muitos dos seus problemas do dia a dia?

Essas ferramentas são chamadas de *bibliotecas*. Elas funcionam como "caixas de ferramentas" que outras pessoas já criaram e compartilharam — e você pode simplesmente usar.

O que é uma biblioteca?

Uma biblioteca em Python é um conjunto de códigos prontos que você pode importar para adicionar funcionalidades ao seu programa. Em vez de reinventar a roda, você importa e usa.

Para usar uma biblioteca, basta utilizar o comando:

```
import nome_da_biblioteca
```

Ou, para importar só uma parte específica:

```
from nome_da_biblioteca import recurso
```

Biblioteca math: matemática sem esforço

Vamos começar com um exemplo simples. A biblioteca math traz funções matemáticas prontas.

A função *math.ceil()* arredonda para o próximo número inteiro acima, enquanto *math.floor()* arredonda para o inteiro abaixo.

```
import math

print(math.sqrt(25))     # raiz quadrada
print(math.ceil(4.3))    # arredonda para cima
print(math.floor(4.7))   # arredonda para baixo
```

Saída esperada:

```
5.0
5
4
```

Biblioteca random: aleatoriedade controlada

Quer criar sorteios, gerar números aleatórios ou embaralhar listas? Use o *random*:

```
import random

print(random.randint(1, 10))        # número aleatório
entre 1 e 10
nomes = ["Bob", "Alice", "Maria"]
print(random.choice(nomes))         # escolhe um nome
aleatório
```

Biblioteca pandas: trabalhando com dados de verdade

Imagine que você tenha uma planilha cheia de dados e queira analisá-la com Python. Fazer isso manualmente seria complicado — mas com a biblioteca pandas, tudo fica fácil.

```
import pandas as pd
```

O *pandas* é uma biblioteca poderosa e, ao mesmo tempo, simples de usar. Com ela, você consegue manipular dados como se estivesse trabalhando com planilhas — mas com o poder do Python. Ela é utilizada principalmente para:

- Ler e escrever arquivos CSV e Excel
- Organizar grandes volumes de dados
- Filtrar e transformar tabelas

Vamos a um exemplo prático.

Lendo dados de um arquivo CSV

```python
import pandas as pd

# Suponha que temos um arquivo chamado "vendas.csv"
dados = pd.read_csv("vendas.csv")
print(dados.head())  # mostra as 5 primeiras linhas
```

Criando um DataFrame manualmente

Se não tiver um arquivo, você pode criar seus próprios dados:

```python
import pandas as pd

vendas = {
    "Produto": ["Camiseta", "Calça", "Tênis"],
    "Preço": [49.90, 89.90, 199.90],
    "Quantidade": [10, 5, 8]
}

df = pd.DataFrame(vendas)
print(df)
```

Saída esperada:

```
  Produto   Preço  Quantidade
0 Camiseta  49.90          10
1    Calça  89.90           5
2    Tênis 199.90           8
```

Calculando o total de vendas

```
df["Total"] = df["Preço"] * df["Quantidade"]
print(df)
```

Resultado:

```
Produto   Preço  Quantidade   Total
0  Camiseta  49.90          10   499.0
1     Calça  89.90           5   449.5
2     Tênis  199.90          8  1599.2
```

Com poucas linhas de código, organizamos dados, fizemos contas e criamos relatórios simples. Isso é o poder do pandas.

O que você aprendeu

- Como importar e usar bibliotecas no Python
- Funcionalidades das bibliotecas math, random e pandas
- Como o pandas pode facilitar o trabalho com dados do mundo real

Desafio

Crie um DataFrame com as seguintes colunas:

- Produto
- Quantidade
- Preço unitário

Depois, adicione uma coluna "Total" que calcula o valor total de cada linha (preço × quantidade), e imprima a soma geral das vendas.

O que vem a seguir

No próximo capítulo, vamos dar mais um passo em direção à inteligência: como lidar com **erros e exceções** no Python — tornando seus programas mais seguros, confiáveis e profissionais.

7

Capítulo 7 — Torne Seu Código à Prova de Problemas

Quem nunca viu uma mensagem de erro e ficou sem saber o que fazer? Em Python, erros são comuns — e isso não é ruim! Eles servem para avisar quando algo inesperado aconteceu. O importante é: **aprender a lidar com eles com inteligência**.

Neste capítulo, você vai aprender:

- O que são erros e exceções
- Como evitar que seu programa quebre com *try* e *except*
- Como tratar diferentes tipos de erro
- Como usar else e finally no tratamento de exceções
- Aplicações práticas para deixar seu código mais seguro

O que é uma exceção?

Quando algo dá errado em Python (como dividir por zero ou acessar um índice que não existe), o programa **levanta uma exceção**. Se você não tratar essa exceção, o programa **simplesmente para de funcionar**.

Exemplo:

```
numerador = 10
denominador = 0

print(numerador / denominador)
```

Saída esperada:

```
ZeroDivisionError: division by zero
```

O Python nos avisa o erro — mas do jeito dele: **interrompendo tudo**. Vamos aprender como evitar isso.

try e except: lidando com erros

Com try, você testa um bloco de código. Se der erro, o except entra em ação.

```
try:
    numero = int(input("Digite um número: "))
    print("Você digitou:", numero)
except ValueError:
    print("Isso não é um número válido!")
```

Tente digitar letras ou símbolos. O programa continua funcionando, mesmo com a entrada inválida.

Tratando erros específicos

Você pode tratar tipos diferentes de erro com blocos except distintos:

```
try:
    a = int(input("Número A: "))
    b = int(input("Número B: "))
    resultado = a / b
    print("Resultado:", resultado)
except ValueError:
    print("Por favor, digite apenas números.")
except ZeroDivisionError:
    print("Não é possível dividir por zero.")
```

else: quando tudo dá certo

Você pode usar else para executar algo **apenas se não houver erro**:

```
try:
    numero = int(input("Digite um número positivo: "))
except ValueError:
    print("Erro! Isso não é um número.")
else:
    print("Número aceito:", numero)
```

finally: *sempre será executado*

O bloco finally roda **com ou sem erro**. Ótimo para fechar arquivos, conexões ou limpar recursos:

```
try:
    arquivo = open("dados.txt")
    conteudo = arquivo.read()
    print(conteudo)
except FileNotFoundError:
    print("Arquivo não encontrado.")
finally:
    print("Fim da tentativa de leitura.")
```

Aplicação prática: calculadora à prova de erros

Vamos criar uma versão da calculadora que lida com entradas inválidas:

```
def dividir(a, b):
    try:
        return a / b
    except ZeroDivisionError:
        return "Erro: divisão por zero"

try:
    x = float(input("Digite o primeiro número: "))
    y = float(input("Digite o segundo número: "))
    print("Resultado:", dividir(x, y))
except ValueError:
    print("Erro: entrada inválida. Use apenas
    números.")
```

43

O que você aprendeu

- Como tratar erros com try e except
- Como tratar diferentes tipos de exceção
- O uso de else e finally em blocos de tratamento
- Como tornar seus programas mais seguros e estáveis

Desafio

Crie um programa que:

1. Peça um número ao usuário.
2. Converta o número para inteiro.
3. Divida 100 por esse número.
4. Trate possíveis erros de entrada e de divisão por zero.

O que vem a seguir

Agora que seu código está mais resistente a falhas, é hora de dar um passo importante: **ler e gravar arquivos com Python**. Você vai aprender a criar programas que interagem com o mundo real — salvando dados, lendo planilhas e registrando informações úteis.

8

Capítulo 8 — Organizando e Analisando Dados

Se você já lidou com planilhas, relatórios ou sistemas de cadastro, provavelmente já se deparou com arquivos .csv. Eles são como planilhas simples, salvas em texto puro, onde os dados são separados por vírgulas (ou ponto e vírgula).

Com Python, é fácil ler, escrever e manipular arquivos CSV — e isso é uma habilidade valiosa no mundo real.

Neste capítulo, você vai aprender:

- O que é um arquivo CSV
- Como ler arquivos CSV com Python
- Como escrever arquivos CSV
- Como usar a biblioteca csv
- Um exemplo prático de análise de dados simples

O que é um arquivo CSV?

CSV significa **Comma-Separated Values**, ou seja, "valores separados por vírgulas". É um formato comum para armazenar dados tabulares, como em uma planilha.

> *"Eles são como planilhas simples, salvas em texto puro, onde os dados são separados por vírgulas (ou ponto e vírgula)."*

Exemplo de conteúdo de um arquivo CSV:

```
Nome,Idade,Cidade
Ana,28,Curitiba
Bruno,34,Recife
Carla,22,BH
```

Lendo um arquivo CSV com Python

Vamos usar a biblioteca csv, que já vem com o Python, para ler esse tipo de arquivo:

```python
import csv

with open("pessoas.csv", newline='',
encoding="utf-8") as arquivo:
    leitor = csv.reader(arquivo)
    for linha in leitor:
        print(linha)
```

Saída esperada:

```
['Nome', 'Idade', 'Cidade']
['Ana', '28', 'Curitiba']
['Bruno', '34', 'Recife']
['Carla', '22', 'BH']
```

Ignorando o cabeçalho

Se quiser ignorar a primeira linha (os títulos), você pode usar *next()*:

```
with open("pessoas.csv", newline='',
encoding="utf-8") as arquivo:
    leitor = csv.reader(arquivo)
    next(leitor)  # Pula o cabeçalho
    for linha in leitor:
        print("Nome:", linha[0], "| Idade:", linha[1])
```

Escrevendo em um arquivo CSV

Vamos agora gravar dados em um arquivo .csv novo:

```
import csv

with open("novos_dados.csv", mode="w", newline='',
encoding="utf-8") as arquivo:
    escritor = csv.writer(arquivo)
    escritor.writerow(["Produto", "Preço",
    "Quantidade"])
    escritor.writerow(["Camiseta", 49.90, 10])
    escritor.writerow(["Tênis", 199.90, 5])
```

Lendo CSV como dicionário

Você também pode ler arquivos CSV como se fossem dicionários, usando *csv.DictReader*. Isso torna o código mais legível:

```
import csv

with open("pessoas.csv", newline='',
encoding="utf-8") as arquivo:
    leitor = csv.DictReader(arquivo)
    for linha in leitor:
        print(f"{linha['Nome']} tem {linha['Idade']}
        anos e mora em {linha['Cidade']}.")
```

Aplicação prática: somando totais de um CSV

Imagine um arquivo vendas.csv assim:

```
Produto,Quantidade,Preço
Camiseta,10,49.90
Tênis,5,199.90
Meia,20,9.90
```

Vamos calcular o total de vendas:

```
import csv

total = 0

with open("vendas.csv", newline='', encoding="utf-8")
as arquivo:
    leitor = csv.DictReader(arquivo)
```

```
for linha in leitor:
    quantidade = int(linha["Quantidade"])
    preco = float(linha["Preço"])
    total += quantidade * preco

print("Total de vendas:", total)
```

O que você aprendeu

- O que é um arquivo CSV e como ele é estruturado
- Como ler arquivos CSV com csv.reader e csv.DictReader
- Como escrever arquivos CSV com csv.writer
- Como fazer análises simples com dados armazenados em CSV

Desafio

Crie um programa que:

- Leia um arquivo chamado contatos.csv com colunas Nome, Email, Telefone
- Mostre apenas os nomes dos contatos com email do Gmail (@gmail.com)
- Conte quantos contatos têm esse tipo de email

O que vem a seguir

Agora que você domina arquivos CSV, no próximo capítulo vamos aprender a **trabalhar com datas e horários em Python**, algo essencial para agendar tarefas, registrar logs e muito mais.

9

Capítulo 9 — Trabalhando com Datas e Horários

Você já precisou agendar um compromisso, registrar o horário de um evento ou calcular quantos dias faltam para uma data especial? Tudo isso envolve manipular datas e horários — e o Python tem ferramentas poderosas para isso.

Neste capítulo, você vai aprender:

- Como usar o módulo datetime
- Como obter a data e hora atuais
- Como formatar datas para exibição
- Como fazer cálculos com datas
- Como trabalhar com prazos e agendamentos

Conhecendo o módulo datetime

O Python possui o módulo *datetime* para lidar com datas, horas, intervalos e fusos horários. Ele já vem instalado com o Python, então é só importar e usar.

```
import datetime
```

Obtendo a data e hora atuais

Vamos ver como pegar a data e hora do momento:

```
import datetime

agora = datetime.datetime.now()
print("Data e hora atual:", agora)
```

Se quiser apenas a data:

```
hoje = datetime.date.today()
print("Data de hoje:", hoje)
```

Acessando partes da data

Você pode extrair o ano, mês, dia e outros dados da data:

```
hoje = datetime.date.today()
print("Ano:", hoje.year)
print("Mês:", hoje.month)
print("Dia:", hoje.day)
```

Criando datas manualmente

Você também pode criar uma data específica:

```
aniversario = datetime.date(2025, 12, 25)
print("Aniversário:", aniversario)
```

Formatando datas

Quer exibir a data de forma mais amigável? Use o método *.strftime()*:

```
agora = datetime.datetime.now()
print("Formato personalizado:",
agora.strftime("%d/%m/%Y %H:%M"))
```

Alguns códigos úteis para formatação:

- %d – dia
- %m – mês
- %Y – ano completo
- %H – hora (24h)
- %M – minuto

Fazendo cálculos com datas

Vamos calcular quantos dias faltam para uma data:

```
import datetime

hoje = datetime.date.today()
natal = datetime.date(2025, 12, 25)
faltam = natal - hoje
print("Faltam", faltam.days, "dias para o Natal!")
```

Trabalhando com timedelta

O objeto *timedelta* representa uma duração — útil para somar ou subtrair tempo:

```
import datetime

hoje = datetime.date.today()
amanha = hoje + datetime.timedelta(days=1)
print("Amanhã será:", amanha)
```

Quer saber a data daqui a 30 dias?

```
futuro = hoje + datetime.timedelta(days=30)
print("Daqui a 30 dias:", futuro)
```

Aplicação prática: criando um agendador simples

Vamos simular um sistema de lembrete. O programa recebe uma data e calcula quanto tempo falta:

```
import datetime

data_input = input("Digite uma data (formato
DD/MM/AAAA): ")
data_obj = datetime.datetime.strptime(data_input,
"%d/%m/%Y").date()

hoje = datetime.date.today()
delta = data_obj - hoje

if delta.days > 0:
```

```
    print(f"Faltam {delta.days} dias.")
elif delta.days == 0:
    print("É hoje!")
else:
    print(f"A data já passou há {-delta.days} dias.")
```

O que você aprendeu

- Como usar o módulo datetime
- Como pegar a data e hora atual
- Como formatar datas com strftime()
- Como calcular diferenças com timedelta
- Como criar um sistema simples de lembrete com datas

Desafio

Crie um programa que:

- Peça a data de nascimento do usuário
- Calcule a idade atual da pessoa
- Mostre quantos dias faltam para o próximo aniversário

O que vem a seguir

Datas são ótimas, mas e se você quiser *salvar* esses dados com alguém? No próximo capítulo, você vai aprender a armazenar informações usando **bancos de dados com Python**, e criar programas que guardam e recuperam dados com eficiência.

Capítulo 10 — Guardando Informações de Forma Inteligente

Você já criou programas que leem dados, fazem cálculos e mostram resultados. Mas... e quando você precisa guardar essas informações para usar depois? Escrever em arquivos funciona, mas quando os dados começam a crescer, o ideal é usar um **banco de dados**.

Neste capítulo, você vai aprender:

· O que é um banco de dados e para que serve
· Como usar o SQLite com Python
· Como criar tabelas e inserir dados
· Como consultar, atualizar e apagar informações
· Um exemplo prático de sistema de cadastro

O que é um banco de dados?

Um **banco de dados** é como um caderno digital organizado: nele, você pode guardar, buscar, atualizar e remover informações com facilidade. Ele é rápido, seguro e feito para lidar com muitos dados.

O Python já vem com suporte a um banco de dados leve e poderoso chamado **SQLite** — ideal para projetos pequenos e médios.

Começando com SQLite

Vamos usar o módulo *sqlite3*, que já vem com o Python.

```
import sqlite3
```

Para criar um banco de dados (ou abrir um existente), usamos:

```
conexao = sqlite3.connect("meu_banco.db")
```

Dica: o arquivo meu_banco.db será criado na pasta onde o script está. Ele guarda todos os dados do seu banco.

Criando uma tabela

Uma **tabela** é como uma planilha: tem colunas e linhas. Vamos criar uma tabela chamada contatos.

```
import sqlite3

conexao = sqlite3.connect("agenda.db")
cursor = conexao.cursor()
```

```python
cursor.execute("""
CREATE TABLE IF NOT EXISTS contatos (
    id INTEGER PRIMARY KEY AUTOINCREMENT,
    nome TEXT,
    telefone TEXT,
    email TEXT
)
""")

conexao.commit()
conexao.close()
```

Inserindo dados

Vamos adicionar um contato à tabela:

```python
conexao = sqlite3.connect("agenda.db")
cursor = conexao.cursor()

cursor.execute("""
INSERT INTO contatos (nome, telefone, email)
VALUES (?, ?, ?)
""", ("Ana", "11999999999", "ana@gmail.com"))

conexao.commit()
conexao.close()
```

Consultando dados

Agora, vamos buscar e exibir todos os contatos cadastrados:

```
conexao = sqlite3.connect("agenda.db")
cursor = conexao.cursor()

cursor.execute("SELECT * FROM contatos")
contatos = cursor.fetchall()

for contato in contatos:
    print(contato)

conexao.close()
```

Atualizando um registro

Quer mudar o telefone da Ana?

```
cursor.execute("""
UPDATE contatos
SET telefone = ?
WHERE nome = ?
""", ("11988888888", "Ana"))
```

Apagando um contato

E se for necessário apagar um registro?

```
cursor.execute("""
DELETE FROM contatos
WHERE nome = ?
""", ("Ana",))
```

Aplicação prática: agenda de contatos

Vamos juntar tudo em um mini sistema:

```python
import sqlite3

def conectar():
    return sqlite3.connect("agenda.db")

def adicionar(nome, telefone, email):
    conexao = conectar()
    cursor = conexao.cursor()
    cursor.execute("INSERT INTO contatos (nome,
    telefone, email) VALUES (?, ?, ?)", (nome,
    telefone, email))
    conexao.commit()
    conexao.close()

def listar():
    conexao = conectar()
    cursor = conexao.cursor()
    cursor.execute("SELECT * FROM contatos")
    for linha in cursor.fetchall():
        print(linha)
    conexao.close()

# Exemplo de uso
adicionar("Bob", "21912345678", "bob@gmail.com")
listar()
```

O que você aprendeu

- O que é um banco de dados e por que usá-lo
- Como usar o SQLite com Python

- Como criar tabelas, inserir, consultar, atualizar e apagar dados
- Como montar um sistema simples de cadastro

Desafio

Crie um sistema que:

- Permita cadastrar livros (título, autor, ano)
- Liste todos os livros cadastrados
- Atualize o nome de um autor
- Apague um livro pelo título

O que vem a seguir

Você agora sabe lidar com dados estruturados de forma segura e eficiente. No próximo capítulo, vamos aprender a **automatizar tarefas e usar Python para interagir com a internet**, abrir páginas, preencher formulários e coletar informações online. Bem-vindo ao mundo da automação

11

Capítulo 11 — Deixe o Computador Trabalhar por Você

Você já se pegou fazendo tarefas repetitivas no computador? Como abrir sites, copiar dados, renomear arquivos ou preencher formulários? Com Python, você pode ensinar a máquina a fazer isso por você. Bem-vindo ao mundo da automação!

Neste capítulo, você vai aprender:

- O que é automação com Python
- Como abrir sites e preencher formulários automaticamente
- Como baixar páginas da internet com requests
- Como extrair informações com BeautifulSoup
- Um exemplo prático de web scraping
- Como usar automação para tarefas do dia a dia

O que é automação?

Automação é quando fazemos o computador realizar uma tarefa no nosso lugar, sem precisar de cliques manuais ou digitação. Isso economiza tempo, evita erros e deixa você livre para pensar em coisas mais importantes.

Em Python, existem várias bibliotecas que ajudam nisso. Neste capítulo, vamos usar:

- webbrowser – para abrir sites automaticamente
- requests – para acessar páginas da web e pegar o conteúdo
- BeautifulSoup – para extrair dados de sites (web scraping)
- pyautogui (opcional) – para controlar o mouse e teclado

Abrindo sites com Python

Vamos começar com algo simples: abrir um site automaticamente.

```
import webbrowser

webbrowser.open("https://www.google.com")
```

Esse código abre o navegador padrão com o Google. Simples, né? Você pode usar isso para abrir vários sites de uma vez:

```
sites = ["https://www.google.com",
"https://www.python.org", "https://github.com"]

for site in sites:
    webbrowser.open(site)
```

Baixando o conteúdo de uma página

Agora vamos usar a biblioteca *requests* para acessar o conteúdo de uma página da web.

```
import requests

resposta = requests.get("https://www.python.org")
print("Status:", resposta.status_code)
print(resposta.text[:500])  # Mostra os primeiros 500
caracteres da página
```

Se o status for 200, significa que a página foi carregada com sucesso.

Extraindo informações com BeautifulSoup

Vamos supor que você quer pegar todas as manchetes de notícias de um site. A biblioteca *BeautifulSoup* ajuda a analisar (*parsear*) o *HTML* da página.

```
import requests
from bs4 import BeautifulSoup

url = "https://g1.globo.com"
resposta = requests.get(url)
soup = BeautifulSoup(resposta.text, "html.parser")

manchetes = soup.find_all("a",
class_="feed-post-link")

for manchete in manchetes[:5]:
    print(manchete.text)
```

63

Esse exemplo mostra as 5 primeiras manchetes do G1. A classe usada (feed-post-link) pode variar com o tempo, então é sempre bom verificar o HTML do site.

Aplicação prática: coletando preço de produto

Vamos pegar o preço de um livro da Amazon (ou outro site) — isso é chamado de **web scraping**.

```python
import requests
from bs4 import BeautifulSoup

url = "https://www.amazon.com.br/b?node=13130368011"
headers = {"User-Agent": "Mozilla/5.0"}

resposta = requests.get(url, headers=headers)
soup = BeautifulSoup(resposta.text, "html.parser")

preco = soup.find("span", class_="a-price-whole")
if preco:
    print("Preço encontrado:", preco.text)
else:
    print("Preço não encontrado.")
```

Dica: muitos sites como Amazon mudam a estrutura com frequência ou bloqueiam bots. Use o User-Agent para simular um navegador.

Aplicação prática: automatizando tarefas com pyautogui

Se você quiser controlar o mouse e o teclado, a biblioteca pyautogui é ótima. Exemplo:

```
import pyautogui
import time

time.sleep(5)   # Espera 5 segundos para você
posicionar a janela
pyautogui.write("Automatizando com Python!",
interval=0.1)
pyautogui.press("enter")
```

Isso escreve como se fosse você digitando. Pode ser útil para preencher formulários, renomear arquivos e mais.

O que você aprendeu

- O que é automação e como ela pode ajudar no seu dia a dia
- Como abrir sites com webbrowser
- Como acessar e ler conteúdo de sites com requests
- Como extrair dados com BeautifulSoup
- Como automatizar o teclado com pyautogui
- Como aplicar tudo isso em tarefas reais, como buscar preços ou notícias

Desafio

Crie um programa que:

1. Acesse o site da sua escolha (ex: https://www.mercadoliv re.com.br)
2. Procure por um produto (ex: "notebook")
3. Mostre os nomes e preços dos 5 primeiros resultados

> Dica: Use requests, BeautifulSoup e inspecione o HTML do site.

O que vem a seguir

Nos próximos capítulos, vamos resolver **problemas reais do dia a dia** com Python. Cada capítulo traz um caso prático, a solução passo a passo, e um desafio para você praticar.

12

Capítulo 12 — Organizando Arquivos

Você já se deparou com uma pasta bagunçada, cheia de arquivos misturados: imagens, PDFs, documentos, vídeos... e pensou "eu preciso organizar isso, mas não tenho tempo"?

Boa notícia: o Python pode fazer isso por você — de forma rápida, automática e eficiente. Neste capítulo, você vai aprender:

- Como acessar e listar arquivos com Python
- Como identificar o tipo de cada arquivo
- Como mover arquivos para pastas organizadas
- Como criar um organizador automático para sua pasta de downloads

Por que organizar com Python?

Organizar arquivos manualmente pode ser cansativo e demorado, principalmente quando se acumula muita coisa. Automatizar essa tarefa poupa tempo, evita erros e ainda dá aquela sensação boa de limpeza digital.

Python tem bibliotecas perfeitas para isso, como:

- os – para interagir com pastas e arquivos
- shutil – para mover arquivos de lugar
- pathlib – para manipular caminhos de forma moderna

Listando arquivos em uma pasta

Vamos começar com algo simples: listar os arquivos de uma pasta.

```
import os

pasta = "C:/Users/SeuUsuario/Downloads"
arquivos = os.listdir(pasta)

for arquivo in arquivos:
    print(arquivo)
```

Isso mostra todos os arquivos e pastas que estão dentro da pasta especificada. Se você quiser apenas os arquivos, pode filtrar:

```
for arquivo in arquivos:
    caminho = os.path.join(pasta, arquivo)
    if os.path.isfile(caminho):
        print(arquivo)
```

Identificando tipos de arquivos

Você pode organizar os arquivos com base na extensão (.jpg, .pdf, .docx etc).

Vamos agrupar por tipo:

```
extensoes = {
    "Imagens": [".jpg", ".jpeg", ".png", ".gif"],
    "Documentos": [".pdf", ".docx", ".txt"],
    "Planilhas": [".xls", ".xlsx", ".csv"],
    "Vídeos": [".mp4", ".avi"],
    "Compactados": [".zip", ".rar"]
}
```

Criando pastas e movendo arquivos

Para mover arquivos, usamos *shutil.move*. Mas antes, precisamos garantir que as pastas de destino existam:

```
import os
import shutil

def mover_arquivo(origem, destino):
    if not os.path.exists(destino):
        os.makedirs(destino)
    shutil.move(origem, destino)
```

Aplicação prática: organizador automático de pastas

Vamos juntar tudo e criar um script que organiza sua pasta de downloads automaticamente:

```
import os
import shutil
```

69

```python
from pathlib import Path

# Mapeia tipos de arquivos para suas respectivas
categorias
tipos = {
    "Imagens": [".jpg", ".jpeg", ".png", ".gif"],
    "Documentos": [".pdf", ".docx", ".txt"],
    "Planilhas": [".xls", ".xlsx", ".csv"],
    "Vídeos": [".mp4", ".avi"],
    "Compactados": [".zip", ".rar"]
}

# Pasta a ser organizada
pasta_alvo = Path.home() / "Downloads"

# Itera sobre os arquivos
for arquivo in os.listdir(pasta_alvo):
    caminho_arquivo = pasta_alvo / arquivo
    if caminho_arquivo.is_file():
        extensao = caminho_arquivo.suffix.lower()
        for categoria, extensoes in tipos.items():
            if extensao in extensoes:
                nova_pasta = pasta_alvo / categoria
                nova_pasta.mkdir(exist_ok=True)
                shutil.move(str(caminho_arquivo),
                str(nova_pasta / arquivo))
                print(f"Movido: {arquivo} →
                {categoria}")
```

Esse script:

- Verifica a pasta Downloads do usuário
- Cria pastas como "Imagens", "Documentos" etc.
- Move os arquivos conforme a extensão

O que você aprendeu

- Como listar arquivos de uma pasta
- Como identificar tipos de arquivos por extensão
- Como mover arquivos com shutil.move
- Como automatizar a organização de uma pasta bagunçada

Desafio

Crie um script que:

- Organize os arquivos do seu Desktop
- Crie uma pasta chamada "Outros" para arquivos com extensões desconhecidas
- Mostre ao final quantos arquivos foram organizados

O que vem a seguir

Agora que você aprendeu a organizar arquivos automaticamente, que tal explorar **renomeação em lote**? No próximo capítulo, vamos criar um sistema para renomear centenas de arquivos de forma rápida e inteligente — perfeito para fotos, documentos e arquivos de projetos.

13

Capítulo 13 — Renomeando Arquivos em Lote

Você já se deparou com uma pasta cheia de arquivos com nomes bagunçados ou sem padrão? Talvez fotos de celular com nomes como IMG001.jpg, IMG002.jpg, ou relatórios com nomes como relatorio_final_versao1.doc, relatorio_final_versao2.doc... Renomear tudo manualmente seria uma tortura.

Com Python, você pode renomear dezenas — ou milhares — de arquivos em poucos segundos. Neste capítulo, você vai aprender:

- Como acessar arquivos de uma pasta com Python
- Como renomear arquivos automaticamente
- Como aplicar padrões de nome
- Como evitar erros durante a renomeação
- Um exemplo prático de organização de fotos

Acessando arquivos com os

A biblioteca *os* do Python permite navegar pelas pastas e manipular arquivos.

Vamos começar listando os arquivos de uma pasta:

```python
import os

caminho = "meus_arquivos"
arquivos = os.listdir(caminho)

for nome in arquivos:
    print(nome)
```

Esse código mostra todos os nomes de arquivos e pastas dentro de meus_arquivos.

Renomeando arquivos

Para renomear um arquivo, usamos *os.rename()*:

```python
import os

os.rename("meus_arquivos/arquivo1.txt",
"meus_arquivos/documento1.txt")
```

Mas e se quisermos renomear *todos* os arquivos de uma pasta?

Exemplo: adicionando numeração automática

Imagine que você quer renomear arquivos com um nome padrão e numeração sequencial, como foto_01.jpg, foto_02.jpg, etc.

```python
import os

pasta = "fotos"
arquivos = os.listdir(pasta)

for i, nome in enumerate(arquivos):
    extensao = os.path.splitext(nome)[1]  # Pega a
    extensão (ex: .jpg)
    novo_nome = f"foto_{i+1:02d}{extensao}"  # Ex:
    foto_01.jpg
    caminho_antigo = os.path.join(pasta, nome)
    caminho_novo = os.path.join(pasta, novo_nome)

    os.rename(caminho_antigo, caminho_novo)
    print(f"{nome} → {novo_nome}")
```

Cuidados importantes

- Faça backups antes de executar o código em arquivos importantes.
- Verifique se o nome novo não sobrescreve arquivos existentes.
- Se quiser testar o código antes, use uma pasta de teste com cópias dos arquivos.

Aplicação prática: organizando fotos de viagem

Suponha que você tenha fotos com nomes aleatórios e queira renomeá-las com o padrão viagem_2025_01.jpg, viagem_2025_02.jpg...

```
import os

pasta = "fotos_viagem"
arquivos = sorted(os.listdir(pasta))  # Organiza os
nomes em ordem

for i, nome in enumerate(arquivos):
    extensao = os.path.splitext(nome)[1]
    novo_nome = f"viagem_2025_{i+1:02d}{extensao}"
    antigo = os.path.join(pasta, nome)
    novo = os.path.join(pasta, novo_nome)

    os.rename(antigo, novo)
    print(f"{nome} → {novo_nome}")
```

Você pode adaptar esse código para qualquer situação: renomear documentos, vídeos, arquivos baixados, etc.

O que você aprendeu

- Como listar arquivos de uma pasta
- Como renomear arquivos com Python
- Como aplicar um padrão com numeração
- Como evitar erros ao renomear
- Um exemplo prático de organização de fotos

Desafio

Crie um programa que:

- Peça ao usuário uma pasta de entrada
- Peça um nome base (ex: "relatorio")

- Renomeie todos os arquivos para o padrão relatorio_01.ext, relatorio_02.ext, etc.

O que vem a seguir

Agora que você aprendeu a organizar arquivos com Python, vamos resolver outro problema do dia a dia: enviar e-mails automáticos. Imagine poder programar o Python para mandar mensagens personalizadas, boletins ou alertas sem digitar nada manualmente... No próximo capítulo, você vai aprender como!

14

Capítulo 14 — Enviando E-mails com Python

Enviar e-mails automaticamente pode parecer algo avançado, mas com Python, é mais simples do que você imagina. Seja para mandar lembretes, relatórios, avisos ou mensagens personalizadas, você pode deixar o Python fazer isso por você — de forma rápida e sem erros.

Neste capítulo, você vai aprender:

- Como funciona o envio de e-mails com Python
- Como configurar o envio por SMTP
- Como enviar e-mails de texto simples
- Como adicionar anexos
- Como mandar e-mails personalizados em massa
- Um exemplo prático de envio automático

Como o Python envia e-mails?

Python usa o protocolo *SMTP (Simple Mail Transfer Protocol)* para enviar e-mails. A biblioteca *smtplib* cuida disso.

Também usamos a biblioteca email para montar a mensagem com assunto, corpo e anexos.

Enviando um e-mail simples

Antes de tudo, você vai precisar de uma conta de e-mail que permita SMTP. Aqui vamos usar o Gmail como exemplo:

```python
import smtplib
from email.message import EmailMessage

msg = EmailMessage()
msg["Subject"] = "Olá do Python!"
msg["From"] = "seuemail@gmail.com"
msg["To"] = "destinatario@example.com"
msg.set_content("Este é um e-mail enviado
automaticamente com Python.")

# Conexão segura com o servidor do Gmail
with smtplib.SMTP_SSL("smtp.gmail.com", 465) as smtp:
    smtp.login("seuemail@gmail.com",
    "sua_senha_de_aplicativo")
    smtp.send_message(msg)
```

Importante: para funcionar com Gmail, você precisa gerar uma senha de app e ativar a autenticação de dois fatores.

Enviando e-mails em massa (personalizados)

Você pode enviar e-mails diferentes para várias pessoas, mudando o nome, assunto ou conteúdo.

```
destinatarios = [
    {"email": "alice@example.com", "nome": "Alice"},
    {"email": "bob@example.com", "nome": "Bob"},
]

for contato in destinatarios:
    msg = EmailMessage()
    msg["Subject"] = "Mensagem personalizada"
    msg["From"] = "seuemail@gmail.com"
    msg["To"] = contato["email"]
    corpo = f"Olá, {contato['nome']}! Esta mensagem
    foi enviada automaticamente com Python."
    msg.set_content(corpo)

    with smtplib.SMTP_SSL("smtp.gmail.com", 465) as
    smtp:
        smtp.login("seuemail@gmail.com",
        "sua_senha_de_aplicativo")
        smtp.send_message(msg)
```

Enviando e-mails com anexos

Quer mandar um PDF, imagem ou planilha?

```
import mimetypes

msg = EmailMessage()
msg["Subject"] = "Relatório em anexo"
msg["From"] = "seuemail@gmail.com"
```

```python
msg["To"] = "alguem@example.com"
msg.set_content("Segue o relatório solicitado.")

# Anexando arquivo
arquivo = "relatorio.pdf"
tipo, _ = mimetypes.guess_type(arquivo)
tipo_principal, subtipo = tipo.split("/")

with open(arquivo, "rb") as f:
    msg.add_attachment(f.read(),
    maintype=tipo_principal, subtype=subtipo,
    filename=arquivo)

with smtplib.SMTP_SSL("smtp.gmail.com", 465) as smtp:
    smtp.login("seuemail@gmail.com",
    "sua_senha_de_aplicativo")
    smtp.send_message(msg)
```

Aplicação prática: lembrete automático

Imagine que você quer mandar um lembrete toda segunda-feira.
Com Python e schedule, você pode automatizar isso.

```python
import schedule
import time

def enviar_lembrete():
    # mesma lógica do envio de e-mail
    print("Enviando lembrete...")

schedule.every().monday.at("09:00").do(enviar_lembrete)

while True:
    schedule.run_pending()
```

```
time.sleep(60)
```

O que você aprendeu

- Como enviar e-mails com Python via SMTP
- Como escrever mensagens simples e adicionar anexos
- Como personalizar e-mails em massa
- Como automatizar lembretes por e-mail

Desafio

Crie um programa que:

- Leia uma lista de contatos de um arquivo CSV (nome,email)
- Envie um e-mail personalizado para cada contato
- Anexe um arquivo PDF chamado boas_vindas.pdf

O que vem a seguir

Enviar e-mails foi só o começo. No próximo capítulo, você vai aprender a criar **lembretes e notificações automáticas**, com pop-ups, mensagens na área de trabalho ou alertas no celular — tudo com Python.

15

Capítulo 15 — Criando Lembretes e Notificações

Quantas vezes você já esqueceu de beber água, enviar um relatório ou fazer uma pausa? Que tal usar Python como seu assistente pessoal, programando lembretes e notificações automáticas? Neste capítulo, você vai aprender a fazer isso de forma simples e prática.

Neste capítulo, você vai aprender:

- Como exibir notificações na área de trabalho
- Como criar lembretes com horários definidos
- Como usar sons, pop-ups e mensagens no sistema
- Como automatizar lembretes com schedule
- Um exemplo prático: lembretes diários personalizados

Notificações na área de trabalho

Vamos começar com uma notificação simples. Para isso, usamos a biblioteca *plyer*, que funciona no Windows, Linux e macOS.

Instale com:

```
pip install plyer
```

Código para mostrar uma notificação:

```
from plyer import notification

notification.notify(
    title="Hora de beber água!",
    message="Levante-se e tome um copo de água!",
    timeout=10  # segundos
)
```

Isso mostra uma notificação no canto da tela com título, mensagem e duração.

Criando lembretes programados

Com a biblioteca *schedule*, você pode agendar lembretes em horários específicos:

```
import schedule
import time
from plyer import notification

def lembrete_agua():
    notification.notify(
        title="Lembrete",
        message="Beba água agora mesmo!",
        timeout=10
    )
```

```python
schedule.every(1).hour.do(lembrete_agua)

while True:
    schedule.run_pending()
    time.sleep(1)
```

Esse script envia um lembrete a cada hora. Você pode ajustar para dias específicos, como:

```python
schedule.every().monday.at("09:00").do(lembrete_agua)
```

Adicionando som ao lembrete (opcional)

Para reforçar o alerta, você pode tocar um som:

```python
import os
import platform

def tocar_som():
    if platform.system() == "Windows":
        import winsound
        winsound.Beep(1000, 500)  # frequência,
        duração
    else:
        os.system("afplay
        /System/Library/Sounds/Glass.aiff")  # macOS
```

Você pode chamar tocar_som() junto com a notificação.

Aplicação prática: lembretes diários personalizados

Vamos criar um lembrete que muda a mensagem ao longo do dia:

```python
import datetime
from plyer import notification

def lembrete():
    hora = datetime.datetime.now().hour

    if hora < 12:
        msg = "Bom dia! Hora de revisar sua agenda!"
    elif hora < 18:
        msg = "Boa tarde! Faça uma pausa e tome água!"
    else:
        msg = "Boa noite! Hora de desligar e
        descansar!"

    notification.notify(
        title="Lembrete do Dia",
        message=msg,
        timeout=10
    )

lembrete()
```

Você pode agendar esse script com o schedule ou até configurar no agendador de tarefas do sistema (Task Scheduler no Windows ou cron no Linux/macOS).

O que você aprendeu

- Como criar notificações visuais com plyer
- Como usar schedule para agendar lembretes
- Como adicionar som aos alertas
- Como personalizar as mensagens com base no horário

Desafio

Crie um sistema de lembretes que:

- Toque um som
- Mostre uma notificação com mensagem personalizada
- Envie um e-mail se o usuário ignorar o lembrete por mais de 10 minutos (use smtplib)
- Execute automaticamente todo dia às 8h

> Dica: você pode usar arquivos para registrar se o usuário confirmou ou não.

O que vem a seguir

Você já aprendeu a criar lembretes, notificações e enviar e-mails. No próximo capítulo, vamos mostrar como **fazer backups automáticos de pastas e arquivos importantes**, usando Python para proteger seus dados e mantê-los seguros — tudo sem precisar lembrar disso.

16

Capítulo 16 — Backups Automáticos

Já pensou em perder arquivos importantes por não ter feito *backup*? A boa notícia é que com Python você pode automatizar esse processo e garantir que tudo fique salvo com segurança — todos os dias, sem esforço.

Neste capítulo, você vai aprender:

- O que é backup e por que ele é importante
- Como copiar arquivos e pastas com Python
- Como compactar backups em arquivos .zip
- Como agendar backups automáticos
- Um exemplo prático de sistema de backup diário

O que é backup?

Backup é uma cópia de segurança dos seus arquivos. Ele protege contra perdas causadas por falhas no computador, exclusões acidentais ou até ataques virtuais. Automatizar isso com Python é uma das formas mais eficazes de se prevenir.

Copiando arquivos e pastas com Python

Vamos usar a biblioteca shutil para copiar pastas inteiras.

```
import shutil

origem = "C:/meus_documentos"
destino = "D:/backup_documentos"

shutil.copytree(origem, destino)
```

Se quiser copiar apenas um arquivo:

```
shutil.copy("C:/meus_documentos/relatorio.txt",
"D:/backup_documentos/")
```

Compactando o backup em um arquivo ZIP

Podemos transformar os arquivos copiados em um .zip para economizar espaço e organizar melhor:

```
import shutil

origem = "C:/meus_documentos"
destino_zip = "D:/backups/backup_documentos"

shutil.make_archive(destino_zip, 'zip', origem)
```

Esse comando cria um arquivo backup_documentos.zip com todo o conteúdo da pasta original.

Automatizando o processo com agendamento

Com a biblioteca schedule, podemos rodar esse backup todo dia:

```python
import schedule
import time
import shutil
import datetime

def backup():
    data =
    datetime.datetime.now().strftime("%Y-%m-%d")
    origem = "C:/meus_documentos"
    destino = f"D:/backups/backup_{data}"

    shutil.make_archive(destino, 'zip', origem)
    print(f"Backup feito: {destino}.zip")

schedule.every().day.at("22:00").do(backup)

while True:
    schedule.run_pending()
    time.sleep(1)
```

Esse script cria um novo arquivo .zip todos os dias às 22h, com a data no nome.

Aplicação prática: backup semanal com limpeza

Você pode fazer um backup semanal e apagar arquivos antigos automaticamente:

```python
import os
```

```
def limpar_backups_antigos(pasta, dias=7):
    agora = time.time()
    for arquivo in os.listdir(pasta):
        caminho = os.path.join(pasta, arquivo)
        if os.path.isfile(caminho) and
        arquivo.endswith(".zip"):
            if agora - os.path.getmtime(caminho) >
            dias * 86400:
                os.remove(caminho)
                print(f"Backup antigo removido:
                {arquivo}")
```

Basta chamar limpar_backups_antigos("D:/backups") após o backup.

O que você aprendeu

- Como copiar arquivos e pastas automaticamente
- Como criar backups compactados em formato ZIP
- Como agendar backups diários ou semanais
- Como apagar backups antigos para liberar espaço

Desafio

Crie um sistema de backup que:

- Faça backup de uma pasta definida pelo usuário
- Adicione a data e hora no nome do arquivo ZIP
- Guarde os backups por 7 dias, apagando os mais antigos
- Envie uma notificação após cada backup (use plyer)

O que vem a seguir

Agora que seus arquivos estão protegidos, que tal aprender como **monitorar preços de produtos na internet automaticamente**? No próximo capítulo, vamos mostrar como montar um rastreador de preços com Python, perfeito para economizar em compras online.

17

Capítulo 17 — Monitorando Preços

Sabe quando você quer comprar algo, mas está esperando uma promoção? Python pode monitorar o preço para você e avisar quando o valor cair! Neste capítulo, vamos criar um rastreador de preços simples e prático para sites como Amazon, Mercado Livre e outros.

Neste capítulo, você vai aprender:

- Como acessar páginas da web com requests
- Como extrair preços de produtos com BeautifulSoup
- Como configurar alertas quando o preço estiver abaixo de um valor
- Como agendar a verificação automática
- Um exemplo completo de monitor de preços

Acessando a página do produto

Primeiro, vamos usar *requests* para baixar o HTML da página:

```
import requests

url = "https://www.amazon.com.br/b?node=13130368011"
headers = {"User-Agent": "Mozilla/5.0"}

resposta = requests.get(url, headers=headers)
print("Status:", resposta.status_code)
print(resposta.text[:500])
```

Se o status for 200, a página foi carregada com sucesso.

Extraindo o preço com BeautifulSoup

Vamos pegar o preço do produto diretamente do HTML:

```
from bs4 import BeautifulSoup

soup = BeautifulSoup(resposta.text, "html.parser")
preco = soup.find("span", class_="a-price-whole")

if preco:
    print("Preço encontrado:", preco.text)
else:
    print("Preço não encontrado.")
```

> **Dica:** a Amazon pode mudar o HTML com frequência. Use o recurso "Inspecionar Elemento" do navegador para encontrar a classe correta.

Verificando se o preço caiu

Vamos comparar o preço atual com um valor que você considera ideal:

```
preco_texto = preco.text.strip().replace(".",
"").replace(",", ".")
preco_atual = float(preco_texto)

preco_desejado = 1500.00

if preco_atual <= preco_desejado:
    print("Hora de comprar! O preço está R$",
    preco_atual)
else:
    print("Ainda está caro. Preço atual: R$",
    preco_atual)
```

Automatizando a verificação

Com a biblioteca schedule, você pode checar o preço todos os dias:

```
import schedule
import time

def verificar_preco():
    # (código anterior aqui)
    print("Verificação feita.")

schedule.every().day.at("10:00").do(verificar_preco)

while True:
```

```
schedule.run_pending()
time.sleep(1)
```

Enviando alertas (opcional)

Você pode usar a biblioteca plyer para mostrar notificações:

```
from plyer import notification

notification.notify(
    title="Alerta de Preço",
    message="O preço do produto caiu! Hora de
    comprar!",
    timeout=10
)
```

Aplicação prática: rastreador de múltiplos produtos

Você pode criar uma lista de produtos e seus preços desejados:

```
produtos = [
    {"url":
    "https://www.amazon.com.br/b?node=13130368011",
    "preco_desejado": 1500},
    {"url":
    "https://www.amazon.com.br/b?node=13130368011",
    "preco_desejado": 50},
]

for produto in produtos:
    resposta = requests.get(produto["url"],
```

```
        headers=headers)
    soup = BeautifulSoup(resposta.text, "html.parser")
    preco = soup.find("span", class_="a-price-whole")
    if preco:
        preco_atual =
        float(preco.text.strip().replace(".",
        "").replace(",", "."))
        if preco_atual <= produto["preco_desejado"]:
            print(f"O produto em {produto['url']}
            está em promoção: R${preco_atual}")
```

O que você aprendeu

- Como acessar e ler uma página da web
- Como extrair preços com BeautifulSoup
- Como verificar se o preço está abaixo de um valor desejado
- Como agendar verificações diárias com schedule
- Como criar alertas personalizados

Desafio

Crie um rastreador que:

- Monitore ao menos 3 produtos de diferentes sites
- Envie uma notificação caso o preço esteja bom
- Registre as verificações em um arquivo .txt com data e preço

O que vem a seguir

Agora que você sabe como monitorar preços automaticamente, vamos explorar outro uso prático do Python: **organizar sua caixa de e-mails**, filtrando mensagens, salvando anexos e marcando como lidas. Vem com a gente no próximo capítulo!

Capítulo 18 — Automatizando Preenchimento de Formulários

Sabe aquele formulário online que você preenche sempre da mesma forma? Seja para se inscrever em eventos, cadastrar informações ou fazer pedidos, preencher campos repetidamente pode ser chato e demorado. Mas com Python, você pode automatizar tudo isso!

Neste capítulo, você vai aprender:

- Como identificar os campos de um formulário na web
- Como usar Selenium para interagir com formulários
- Como preencher e enviar formulários automaticamente
- Como automatizar tarefas repetitivas em sites
- Um exemplo prático de automação de preenchimento

O que é o Selenium?

O **Selenium** é uma biblioteca poderosa que permite controlar o navegador com Python. Com ela, você pode simular cliques, digitações, rolagens de página e muito mais — como se fosse uma pessoa navegando de verdade.

Para usar, instale com:

```
pip install selenium
```

Você também vai precisar de um driver de navegador, como o ChromeDriver (se estiver usando o Google Chrome). Baixe e salve no mesmo diretório do seu script ou adicione ao PATH.

Primeiros Passos com Selenium

Vamos começar abrindo uma página:

```
from selenium import webdriver

driver = webdriver.Chrome()
driver.get("https://example.com/formulario")
```

Esse código abre o navegador Chrome e acessa a URL desejada. Agora, vamos interagir com os campos.

Preenchendo Campos de Texto

Para preencher um campo, você precisa saber seu nome, ID ou outro seletor. Com o botão direito no campo (no navegador) e clicando em **"Inspecionar"**, você pode encontrar:

```
<input type="text" id="nome" name="nome">
```

Você pode preenchê-lo com:

```python
from selenium.webdriver.common.by import By

campo_nome = driver.find_element(By.ID, "nome")
campo_nome.send_keys("Bob")
```

Preenchendo outros tipos de campos

• Campos de e-mail:

```python
campo_email = driver.find_element(By.NAME, "email")
campo_email.send_keys("bob@email.com")
```

• Seletores (combobox):

```python
from selenium.webdriver.support.ui import Select

select_estado = Select(driver.find_element(By.ID,
"estado"))
select_estado.select_by_visible_text("São Paulo")
```

• Caixas de seleção (checkbox):

```python
checkbox = driver.find_element(By.ID, "aceito")
checkbox.click()
```

- Botão de envio:

```
botao_enviar = driver.find_element(By.ID, "enviar")
botao_enviar.click()
```

Aplicação prática: preenchendo um formulário de cadastro

Vamos juntar tudo em um script completo:

```
from selenium import webdriver
from selenium.webdriver.common.by import By
from selenium.webdriver.support.ui import Select
import time

driver = webdriver.Chrome()
driver.get("https://exemplo.com/formulario")

driver.find_element(By.ID, "nome").send_keys("Bob da
Silva")
driver.find_element(By.NAME,
"email").send_keys("bob@gmail.com")

select = Select(driver.find_element(By.ID, "estado"))
select.select_by_visible_text("Distrito Federal")

driver.find_element(By.ID, "aceito").click()

time.sleep(1)  # Pequeno intervalo antes de enviar
driver.find_element(By.ID, "enviar").click()
```

Cuidados com automações na web

- Use com responsabilidade: respeite os termos de uso do site.
- Sites podem mudar o layout, exigindo que você ajuste o código.
- Pode ser necessário esperar elementos carregarem antes de interagir.

Você pode usar time.sleep() ou técnicas mais avançadas como WebDriverWait.

O que você aprendeu

- Como usar o Selenium para abrir páginas da web
- Como encontrar campos em formulários HTML
- Como preencher textos, selecionar opções e enviar formulários
- Como montar um script que automatiza cadastros online

Desafio

Crie um script que acesse um formulário de exemplo online, preencha com seus dados fictícios e envie. Sites como https://www.wufoo.com/gallery/templates/ ou https://www.seleniumeasy.com/test/input-form-demo.html são bons para testar.

O que vem a seguir

Agora que você sabe preencher formulários com Python, imagine o que pode ser feito com isso! No próximo capítulo, vamos explorar como criar **interfaces gráficas (GUIs)** com Python — para que outras pessoas possam usar seus scripts sem tocar no código.

19

Capítulo 19 — Automatizando Planilhas Excel

Você já precisou abrir uma planilha, filtrar dados, somar valores ou gerar relatórios de forma repetitiva? Com Python, você pode automatizar tudo isso! Chega de copiar e colar manualmente. Neste capítulo, você vai aprender como usar o Python para criar, ler e modificar arquivos Excel de forma automática.

Neste capítulo, você vai aprender:

- O que é o formato Excel (.xlsx)
- Como criar e editar planilhas com openpyxl
- Como ler e manipular dados com pandas
- Como gerar relatórios automáticos
- Um exemplo prático de automatização de planilhas

Conhecendo o formato Excel

O Excel usa o formato .xlsx, um tipo de arquivo muito comum em escritórios e empresas. Felizmente, Python tem bibliotecas que trabalham muito bem com esse tipo de arquivo.

Neste capítulo, vamos usar duas bibliotecas:

- openpyxl — para criar e editar arquivos Excel.
- pandas — para ler e manipular grandes volumes de dados com facilidade.

Você pode instalar essas bibliotecas com:

```
pip install openpyxl pandas
```

Criando uma planilha com openpyxl

Vamos criar uma planilha do zero com alguns dados simples.

```python
from openpyxl import Workbook

# Criar uma nova planilha
wb = Workbook()
ws = wb.active

# Adicionar dados
ws['A1'] = "Nome"
ws['B1'] = "Idade"
ws.append(["Alice", 30])
ws.append(["Bob", 25])

# Salvar
wb.save("pessoas.xlsx")
print("Arquivo criado com sucesso!")
```

Lendo e alterando uma planilha existente

Agora vamos abrir e editar um arquivo existente.

```python
from openpyxl import load_workbook

wb = load_workbook("pessoas.xlsx")
ws = wb.active

# Mudar a idade da Alice
for row in ws.iter_rows(min_row=2, values_only=False):
    if row[0].value == "Alice":
        row[1].value = 31

wb.save("pessoas.xlsx")
print("Idade atualizada.")
```

Usando pandas para analisar dados

Quando você tem muitos dados, o pandas é sua melhor escolha. Vamos carregar a planilha e fazer uma análise simples:

```python
import pandas as pd

df = pd.read_excel("pessoas.xlsx")
print(df)

# Média de idade
print("Média de idade:", df["Idade"].mean())
```

Gerando relatório automático

Vamos supor que você tem uma planilha de vendas. Vamos gerar um resumo com pandas:

```python
import pandas as pd

# Leitura dos dados
df = pd.read_excel("vendas.xlsx")

# Total de vendas por vendedor
relatorio =
df.groupby("Vendedor")["Valor"].sum().reset_index()

# Exportar o relatório
relatorio.to_excel("relatorio_vendas.xlsx",
index=False)
print("Relatório gerado com sucesso!")
```

Aplicação prática: atualizando preços de produtos

Imagine que você tem uma planilha com produtos e deseja aumentar os preços em 10%.

```python
import pandas as pd

df = pd.read_excel("produtos.xlsx")

# Atualizar os preços
df["Preço Atualizado"] = df["Preço"] * 1.10

# Salvar novo arquivo
df.to_excel("produtos_atualizados.xlsx", index=False)
```

```
print("Preços atualizados com sucesso!")
```

O que você aprendeu

- Como criar e editar planilhas Excel com openpyxl
- Como ler dados com pandas
- Como gerar relatórios automaticamente
- Como aplicar transformações e salvar novos arquivos

Desafio

Crie uma planilha com as seguintes colunas: Produto, Quantidade Vendida, Preço Unitário. Em seguida:

- Calcule o total vendido por produto
- Gere uma nova planilha com o resultado

Dica: use pandas e a função .to_excel().

O que vem a seguir

Planilhas são ótimas, mas e se você pudesse mandar mensagens automáticas no WhatsApp com Python? No próximo capítulo, você vai aprender como automatizar o envio de mensagens usando o WhatsApp Web. Ideal para lembretes, atualizações ou comunicação rápida.

20

Capítulo 20 — Automatizando o WhatsApp Web

Já pensou em mandar mensagens automáticas pelo WhatsApp? Seja para avisos, lembretes, confirmações ou mensagens de aniversário — Python pode fazer isso por você!

Neste capítulo, você vai aprender:

- Como usar a biblioteca pywhatkit para enviar mensagens via WhatsApp Web
- Como agendar envios para horários específicos
- Como personalizar as mensagens
- Cuidados e limitações desse tipo de automação

Enviando mensagens com pywhatkit

A biblioteca *pywhatkit* facilita muito a automação do WhatsApp Web, sem precisar configurar bots complexos.

Instalação

```
pip install pywhatkit
```

Enviando uma mensagem simples

```
import pywhatkit

# Envia mensagem para o número desejado às 15h30
pywhatkit.sendwhatmsg("+5561999999999", "Olá! Esta é
uma mensagem automática com Python.", 15, 30)
```

- O número precisa estar no formato internacional: +55 (Brasil) + DDD + número
- O WhatsApp Web será aberto automaticamente
- A mensagem será colada na conversa e enviada no horário indicado

Esperando o envio automático

Por padrão, o pywhatkit espera alguns segundos antes de enviar a mensagem, para garantir que tudo esteja carregado. Se quiser testar sem esperar, use:

```
pywhatkit.sendwhatmsg_instantly("+5561999999999",
"Mensagem enviada na hora!", wait_time=10)
```

Enviando mensagens para vários contatos

Você pode montar uma lista de contatos e automatizar envios em sequência:

```python
import pywhatkit
import time

contatos = {
    "+5561999991111": "Oi João, tudo bem?",
    "+5561988882222": "Olá Maria, aqui vai um
    lembrete da reunião!",
    "+5561977773333": "Feliz aniversário, Bob! 🎂"
}

for numero, mensagem in contatos.items():
    pywhatkit.sendwhatmsg_instantly(numero, mensagem,
    wait_time=10)
    time.sleep(15)  # Espera 15 segundos entre envios
```

Enviando imagens

Você também pode enviar uma imagem com legenda:

```python
pywhatkit.sendwhats_image("+5561999999999",
"caminho/para/imagem.jpg", "Confira esta imagem!")
```

Cuidados e limitações

- O WhatsApp Web precisa estar ativo no seu navegador
- A automação depende de uma conexão estável e da tela estar desbloqueada

- Não abuse da ferramenta para evitar bloqueios de conta (nada de spam!)
- É ideal para uso pessoal, pequenas empresas ou lembretes automáticos

O que você aprendeu

- Como usar pywhatkit para automatizar o envio de mensagens no WhatsApp Web
- Como personalizar e agendar mensagens
- Como automatizar envios em massa com listas de contatos
- Como enviar imagens com legenda

Desafio

Crie um script que:

1. Leia uma lista de aniversariantes de uma planilha (Excel ou CSV)
2. Monte uma mensagem personalizada com nome e idade
3. Envie a mensagem automaticamente pelo WhatsApp

O que vem a seguir

No próximo capítulo, vamos continuar explorando automações úteis para o dia a dia — você poderá criar sistemas mais completos e até interativos! Que tal criar um assistente pessoal com Python?

21

Capítulo 21 — Baixando Dados Diariamente

Imagine que você quer acompanhar a cotação do dólar todos os dias, ou talvez a previsão do tempo, o preço de um produto ou os dados de uma API pública. Fazer isso manualmente é cansativo — mas com Python, você pode automatizar essa tarefa e ainda salvar os dados organizados em um arquivo.

Neste capítulo, você vai aprender:

- Usar requests para acessar dados da internet;
- Usar pandas para organizar e salvar os dados;
- Criar um script que pode rodar todos os dias;
- Montar um exemplo prático com a cotação do dólar.

O que é uma API?

API (Application Programming Interface) é uma forma padronizada de acessar dados de um serviço, como se fosse um "cardápio" de informações prontas para serem usadas por programas. Muitas APIs fornecem dados em **formato JSON**, que o Python entende muito bem.

Acessando dados com requests

Vamos começar com um exemplo simples: baixar a **cotação do dólar** usando uma API pública gratuita do Banco Central (via awesomeapi).

```
import requests

url =
"https://economia.awesomeapi.com.br/json/last/USD-BRL"
resposta = requests.get(url)
dados = resposta.json()

print(dados)
```

Esse código retorna um dicionário com várias informações sobre o dólar. Vamos extrair as principais:

```
cotacao = dados["USDBRL"]
print("Cotação do dólar agora:")
print("Valor:", cotacao["bid"])
print("Alta:", cotacao["high"])
print("Baixa:", cotacao["low"])
print("Data:", cotacao["create_date"])
```

Organizando com pandas

Vamos salvar essas informações em um DataFrame do pandas, para poder registrar as cotações ao longo do tempo:

```python
import pandas as pd
from datetime import datetime

registro = {
    "Data": [datetime.now().strftime("%Y-%m-%d
    %H:%M:%S")],
    "Cotação": [cotacao["bid"]],
    "Alta": [cotacao["high"]],
    "Baixa": [cotacao["low"]]
}

df = pd.DataFrame(registro)
print(df)
```

Salvando os dados em CSV

Agora vamos salvar (ou adicionar) esses dados em um arquivo CSV chamado cotacoes.csv. Isso permite acompanhar a cotação ao longo dos dias.

```python
import os

arquivo = "cotacoes.csv"

# Verifica se o arquivo já existe
if os.path.exists(arquivo):
    df_existente = pd.read_csv(arquivo)
    df_novo = pd.concat([df_existente, df],
    ignore_index=True)
else:
    df_novo = df

df_novo.to_csv(arquivo, index=False)
```

Pronto! Cada vez que o script for executado, ele vai registrar a nova cotação no arquivo cotacoes.csv.

Automatizando com Agendamento Diário

Você pode agendar esse script para rodar todos os dias de forma automática. Existem duas formas comuns:

- **No Windows:** usando o Agendador de Tarefas (Task Scheduler);
- **No Linux/macOS:** usando cron.

Basta agendar para rodar o script *.py* em determinado horário diariamente.

O que você aprendeu

- Como usar uma API para buscar dados com requests;
- Como organizar e salvar dados com pandas;
- Como criar um registro histórico em CSV;
- Como preparar um script para automação diária.

Desafio

1. Encontre uma API pública de sua escolha (previsão do tempo, preço de ações, notícias).
2. Monte um script semelhante que salve os dados diariamente em um arquivo CSV.
3. Opcional: gere gráficos com pandas ou matplotlib para visualizar as tendências.

116

O que vem a seguir

Agora que você já sabe buscar dados externos automaticamente, podemos ir ainda mais longe: que tal usar o Python para **criar relatórios em Excel** ou até automatizar o envio dessas informações por WhatsApp ou e-mail?

No próximo capítulo, vamos falar sobre **automação com Excel**, usando as bibliotecas openpyxl e pandas.

22

Capítulo 22 — Inteligência Artificial na Prática

Você provavelmente já usou Inteligência Artificial hoje — mesmo sem perceber. Quando recebe sugestões de filmes na Netflix, quando o e-mail filtra spam, ou quando o celular desbloqueia com seu rosto... tudo isso é IA em ação.

Mas... você sabia que é possível criar seus próprios sistemas inteligentes com **Python**? Sim! Com as bibliotecas certas, você pode ensinar o computador a reconhecer padrões, fazer previsões e tomar decisões.

Neste capítulo, você vai aprender:

- O que é Inteligência Artificial e por que ela está em todo lugar
- As bibliotecas mais usadas em IA com Python
- Como funciona um projeto de IA (passo a passo)
- Exemplos práticos: prever preços de casas e identificar spam
- Dicas, links e caminhos para seguir estudando

O que é Inteligência Artificial?

Inteligência Artificial (IA) é a área da computação que faz com que máquinas simulem comportamentos humanos inteligentes. Pode ser algo simples como prever o valor de um produto ou algo complexo como dirigir um carro sozinho.
Geralmente, usamos IA para:

- **Prever** algo (ex: o preço de uma casa)
- **Classificar** algo (ex: se um e-mail é spam ou não)
- **Detectar padrões** (ex: comportamento de clientes)
- **Automatizar tarefas** (ex: atendimento via chatbot)

IA, Machine Learning e Deep Learning: qual a diferença?

Esses nomes aparecem o tempo todo, então vale esclarecer:

- **IA (Inteligência Artificial)**: conceito amplo — qualquer máquina que "pensa".
- **Machine Learning (Aprendizado de Máquina)**: uma forma de IA que aprende com dados.
- **Deep Learning**: um tipo de machine learning baseado em redes neurais — muito usado em voz, imagem, vídeo e texto.

Neste capítulo, vamos focar no **machine learning tradicional**, que já resolve muitos problemas práticos e é mais acessível para quem está começando.

IA no nosso dia a dia

Aqui vão alguns exemplos reais de uso da IA:

- **Spotify / YouTube**: sugerem músicas e vídeos com base no que você curte
- **Google Maps**: prevê o tempo de trajeto com base no trânsito
- **Bancos**: detectam fraudes analisando o padrão de compras
- **Lojas online**: recomendam produtos com base no seu histórico

Se isso tudo soa mágico, neste capítulo você vai ver que é mais **matemática e programação do que magia**. Vamos explorar isso na prática, com código!

Bibliotecas essenciais para Inteligência Artificial em Python

Python é a linguagem mais usada em IA por uma razão simples: **tem uma comunidade gigante e bibliotecas poderosas**. Aqui estão as principais:

1. *pandas*

Usada para ler, tratar e analisar dados. Fundamental para preparar os dados antes de aplicar IA.
Documentação: https://pandas.pydata.org/

2. numpy

Permite fazer cálculos com vetores e matrizes — base de quase tudo em IA.
Documentação: https://numpy.org/doc/

3. scikit-learn

A biblioteca principal para **machine learning tradicional**. Traz modelos prontos para regressão, classificação, agrupamento, etc.
Documentação: https://scikit-learn.org/

4. matplotlib e seaborn

Para visualizar os dados com gráficos.
Documentação:

- matplotlib: https://matplotlib.org/stable/index.html
- seaborn: https://seaborn.pydata.org/

5. tensorflow ou pytorch (opcional)

Para projetos mais avançados, como redes neurais. Mas neste capítulo vamos focar no **scikit-learn**, que já resolve muita coisa.

Etapas de um projeto de IA

Antes de irmos para os exemplos práticos, aqui está um **passo a passo padrão** de qualquer projeto de machine learning:

1. **Definir o problema**

- O que você quer prever ou classificar?

1. **Coletar os dados**

- Pode vir de arquivos CSV, APIs ou bancos de dados.

1. **Explorar os dados**

- Entender o formato, identificar valores nulos, outliers, etc.

1. **Preparar os dados**

- Limpar, transformar e dividir em treino/teste.

1. **Escolher o modelo**

- Regressão? Classificação? Agrupamento?

1. **Treinar o modelo**

- Usar dados de treino para ensinar a máquina.

1. **Avaliar o modelo**

- Ver se o modelo funciona bem com dados novos.

1. **Usar na prática**

- Aplicar o modelo em situações reais.

Exemplo prático 1: Prevendo o preço de casas

Vamos começar com um exemplo clássico: prever o preço de uma casa com base no número de quartos, banheiros, metragem, etc.

Base de dados: usaremos um arquivo CSV fictício, mas você pode usar bases reais como do Kaggle.

Instale as bibliotecas (se ainda não tiver):

```
pip install pandas scikit-learn matplotlib seaborn
```

Código:

```
import pandas as pd
from sklearn.model_selection import train_test_split
from sklearn.linear_model import LinearRegression
import matplotlib.pyplot as plt

# Carregar os dados
dados = pd.read_csv("casas.csv")  # Exemplo com
colunas: quartos, banheiros, metros, preco

# Separar variáveis (X = dados, y = resposta)
X = dados[["quartos", "banheiros", "metros"]]
y = dados["preco"]

# Dividir entre treino e teste
X_treino, X_teste, y_treino, y_teste =
train_test_split(X, y, test_size=0.2)
```

```
# Criar e treinar o modelo
modelo = LinearRegression()
modelo.fit(X_treino, y_treino)

# Fazer previsões
previsoes = modelo.predict(X_teste)

# Mostrar os 5 primeiros
for real, previsto in zip(y_teste[:5], previsoes[:5]):
    print(f"Real: {real:.2f}, Previsto:
    {previsto:.2f}")
```

Esse modelo aprende a **relacionar tamanho e estrutura da casa com o preço final**, e pode ser usado por corretores, construtoras ou compradores.

Exemplo prático 2: Classificando e-mails como spam

Esse é um dos usos mais conhecidos de IA no mundo real. Serviços como Gmail usam modelos de **classificação de texto** para identificar e-mails suspeitos. Vamos ver como funciona essa ideia em Python.

O que vamos usar:

- **pandas**: para carregar os dados
- **scikit-learn**:
- **CountVectorizer**: transforma texto em números (vetores)
- **MultinomialNB**: algoritmo de classificação baseado em probabilidade (Naive Bayes)
- **train_test_split** e **accuracy_score**

Exemplo de base de dados

Você pode encontrar bases públicas como essa aqui: https://ww
w.kaggle.com/datasets/balaka18/email-spam-classification-
dataset-csv

Mas para fins de aprendizado, vamos simular uma base com
alguns e-mails:

```python
import pandas as pd
from sklearn.model_selection import train_test_split
from sklearn.feature_extraction.text import
CountVectorizer
from sklearn.naive_bayes import MultinomialNB
from sklearn.metrics import accuracy_score

# Exemplo simples de dados
emails = [
    "Compre agora e ganhe 50% de desconto",
    "Promoção imperdível, clique aqui",
    "Sua fatura está disponível",
    "Vamos almoçar amanhã?",
    "Ganhe dinheiro trabalhando de casa",
    "Relatório de vendas disponível",
    "Você ganhou um prêmio! Clique para resgatar"
]
rotulos = [1, 1, 0, 0, 1, 0, 1]  # 1 = spam, 0 =
normal

# Transformar texto em vetores
vectorizer = CountVectorizer()
X = vectorizer.fit_transform(emails)

# Separar treino/teste
X_treino, X_teste, y_treino, y_teste =
train_test_split(X, rotulos, test_size=0.3)
```

```python
# Criar e treinar o modelo
modelo = MultinomialNB()
modelo.fit(X_treino, y_treino)

# Testar o modelo
y_pred = modelo.predict(X_teste)
print("Acurácia:", accuracy_score(y_teste, y_pred))
```

Explicando

- O CountVectorizer transforma os e-mails em vetores com base nas palavras.
- O MultinomialNB aprende quais palavras aparecem mais em e-mails spam vs. normais.
- O modelo é treinado e depois testado com novos exemplos.

Você pode testar frases novas com:

```python
novo_email = vectorizer.transform(["Você recebeu uma
nova fatura"])
print("Spam" if modelo.predict(novo_email)[0] == 1
else "Normal")
```

Viu como IA pode ser simples e poderosa?

Com poucas linhas, conseguimos montar um classificador funcional. Claro que, na prática, é preciso usar conjuntos maiores, tratar os textos com mais cuidado (remoção de stopwords, pontuação, etc.), mas essa base já é um ótimo ponto de partida.

Você viu neste capítulo que a Inteligência Artificial não precisa ser um mistério. Com algumas bibliotecas poderosas e uma boa base em Python, é possível criar soluções inteligentes para diversos problemas do dia a dia.

O que você aprendeu:

- O que é IA e como ela é usada hoje em dia
- Como funciona um modelo de aprendizado de máquina
- Como usar bibliotecas como scikit-learn, pandas, numpy e matplotlib
- Dois exemplos práticos:
- Previsão de preços com regressão linear
- Classificação de spam com Naive Bayes

Dicas para se aprofundar

Se você quiser levar seus estudos adiante, aqui estão alguns caminhos:

Cursos e tutoriais

- Curso oficial de IA do Google (em inglês)
- Curso de Data Science e IA da Alura (em português)

Documentações úteis

- scikit-learn
- pandas
- numpy
- matplotlib

Bibliotecas mais avançadas para o futuro

- **TensorFlow**: https://www.tensorflow.org/
- **PyTorch**: https://pytorch.org/
- **spaCy** (para Processamento de Linguagem Natural): https://spacy.io/

Desafio

Crie um modelo de IA que receba dados de imóveis (como número de quartos, metragem e localização) e tente prever o preço do imóvel.

Você pode:

- Baixar dados públicos de sites como Kaggle
- Usar pandas para organizar os dados
- Aplicar um modelo de regressão com scikit-learn
- Avaliar o resultado e tentar melhorar com ajustes

> Esse projeto vai consolidar tudo o que você viu: manipulação de dados, modelos de aprendizado, visualização e prática real!

Encerramento

IA já está transformando o mundo. Desde recomendações no seu streaming favorito até carros autônomos e diagnósticos médicos. E agora você tem as ferramentas para começar a explorar esse universo também.

O mais importante é: **comece simples, pratique bastante e evolua aos poucos**. A inteligência está nos dados — e Python é a chave para desbloqueá-la.

23

Conclusão

Você chegou até aqui — e isso é um grande feito! Ao longo deste livro, você não só aprendeu Python, mas também usou a linguagem para **resolver problemas reais do dia a dia**, com soluções criativas, práticas e automatizadas.

Agora é hora de recapitular o caminho percorrido, refletir sobre o que você conquistou e, claro, traçar os **próximos passos da sua jornada com Python e programação**.

O que você aprendeu até aqui

Fundamentos da linguagem Python

- Variáveis, tipos de dados, listas, estruturas de decisão e laços de repetição
- Funções, módulos, bibliotecas e tratamento de erros

Trabalhar com arquivos

- Leitura e escrita de arquivos .txt e .csv
- Manipulação de diretórios e organização de dados

Automatizar tarefas do dia a dia

- Renomear arquivos, enviar e-mails, interagir com Excel e WhatsApp
- Web scraping, preenchimento automático de formulários e backup de arquivos

Criar soluções com dados

- Manipulação e análise de dados com pandas
- Visualização com matplotlib
- Introdução à Inteligência Artificial com scikit-learn

Pensar como um programador

- Dividir problemas em partes menores
- Criar soluções reutilizáveis com funções
- Automatizar o que é repetitivo
- Escrever código claro, legível e bem documentado

Projeto de encerramento: resolva seu próprio problema

Pense em uma dor real sua — algo que você faz todo dia no computador. Pode ser:

- Copiar arquivos de uma pasta para outra

- Baixar e organizar boletos do banco
- Enviar relatórios semanais por e-mail
- Controlar seus gastos em uma planilha

Agora, use Python para resolver isso. Use tudo o que aprendeu. Vai ser desafiador, mas totalmente possível. E essa é a verdadeira vitória: **usar programação para melhorar a sua vida**.

Epílogo

Parabéns. De verdade. Você não apenas leu um livro de Python, você **resolveu problemas com código**.

Desde os primeiros print("Olá, mundo!"), passando por listas, funções e automações do dia a dia, até aplicações mais robustas com dados, arquivos e até inteligência artificial — **você construiu uma base sólida**. E o mais importante: aprendeu com propósito.

Mas e agora?

O que vem depois?

Agora é hora de **transformar o aprendizado em prática**. Python não é apenas uma linguagem: é uma ferramenta poderosa para **criar soluções úteis**, tanto no trabalho quanto na vida pessoal.

Você pode, por exemplo:

- Automatizar tarefas repetitivas no seu emprego;
- Organizar suas finanças com planilhas automatizadas;
- Coletar dados de mercado para tomar decisões melhores;
- Criar sistemas simples para sua empresa ou negócio local;
- Ensinar programação para amigos, alunos ou colegas.

Uma história real (e possível)

Imagine a Beatriz. Ela trabalhava em um escritório de contabilidade e gastava **2 horas por dia** renomeando arquivos e copiando dados de um sistema para outro. Depois de aprender Python (com um livro parecido com este), criou um pequeno script que fazia isso **em 10 minutos**. Com o tempo, passou a automatizar relatórios e hoje lidera o setor de automações da empresa — sem nunca ter feito faculdade de TI.

> Python **não é só para programadores**. É para quem quer resolver problemas.

Posfácio

Quando comecei a escrever este livro, meu objetivo era simples: ajudar pessoas comuns a resolverem problemas do dia a dia com Python — de forma prática, acessível e sem complicação. Ao longo dos capítulos, tentei equilibrar teoria com aplicações reais, trazendo exemplos que fazem sentido no mundo de quem trabalha, estuda ou simplesmente quer aprender algo novo.

A programação pode parecer intimidadora no começo, mas com o tempo ela se revela como uma aliada poderosa. Acredito que, se você chegou até aqui, já percebeu isso. Automatizar tarefas, organizar informações, coletar dados da internet, analisar planilhas, conversar com APIs... tudo isso agora está ao seu alcance.

Escrever este livro foi, para mim, também um exercício de aprendizado. Revisitei conceitos, testei ideias novas e busquei a melhor forma de ensinar algo que me apaixona: resolver problemas com código.

Espero que este livro tenha despertado em você não só o interesse pela programação, mas também a curiosidade de ir além. Há muito mais para explorar — machine learning, ciência de dados, desenvolvimento web, aplicações móveis, inteligência artificial...

A tecnologia muda o tempo todo, mas o raciocínio lógico, a habilidade de pensar em soluções e a criatividade continuam sendo os maiores superpoderes que alguém pode ter.

Siga praticando. Siga errando. Siga tentando. E quando automatizar alguma tarefa que costumava te tirar horas por semana, lembre-se: você está no caminho certo.

Obrigado por confiar em mim como guia nessa jornada.

Continue explorando. Continue criando. Continue pensando em Python.

Com gratidão,
Gabriel Pereira Bonfim

Sobre o Autor

Engenheiro de dados e pós-graduado em IA, Gabriel Pereira
Bonfim transforma sua experiência em aprendizado acessível.
Tem como missão ensinar o que já enfrentou na prática, tor-
nando a programação uma ferramenta útil para o dia a dia.

Você pode se conectar comigo em:
🔗 https://br.linkedin.com/in/gabrielpbonfim